Susanne Saker
Marburg Brutal

MARBURG

SUSANNE SAKER

MARBURG BRUTAL

SCHÜREN

Bibliografische Information der Deutschen Nationalbibliothek
Die Deutsche Nationalbibliothek verzeichnet diese Publikation in der Deutschen Nationalbibliografie; detaillierte bibliografische Daten sind im Internet über http://dnb.d-nb.de abrufbar.

Schüren Verlag GmbH
Universitätsstr. 55 | D-35037 Marburg
www.schueren-verlag.de
info@schueren-verlag.de

2. Auflage 2025

Gestaltung: Erik Schüßler
Umschlaggestaltung: Wolfgang Diemer, Frechen
Druck: Kopa, Biruliskes
Printed in Lithuania
ISBN 978-3-7410-0280-9

INHALT

VORWORT

Brutalismus polarisiert. Das hat er schon immer. An brutalistischen Bauten scheiden sich die Geister. Sie werden geliebt oder gehasst. Man denke an dieser Stelle nur an die sarkastischen Bemerkungen des derzeitigen Prince of Wales, dem «Erzfeind der britischen Architektur der Moderne» schlechthin, dass ein brutalistisches Meisterwerk wie Denys Lasdon's Nationaltheater an der Southbank von London eine «clevere Methode, ohne Einsprüche ein Atomkraftwerk mitten in das Zentrum Londons zu bauen» sei[1] und der Brutalismus habe «in London mehr Schaden angerichtet als die Bomber im Zweiten Weltkrieg.»[2] Eines steht fest. Der Brutalismus verfehlt seine Wirkung nicht. Brutalistische Betonbauten kommen gewaltig daher, fast schon übermächtig, manchmal erdrückend. In diesem Sinne ist es schon fast ein wenig schade, dass die Etymologie dieses Begriffs eine eher simple ist und sich nicht von der Wirkungsästhetik ableitet.

Zum Stichwortgeber des Begriffs wurde Le Corbusier, der bereits seit den 1920er-Jahren ganz selbstverständlich den Begriff béton brut, Sichtbeton, verwendete und für den die Auseinandersetzung mit diesem Baustoff elementar war. Erst 30 Jahre später leitete das Architektenehepaar Alison und Peter Smithson daraus den Begriff New Brutalism ab.[3] Nun könnte man annehmen, jegliche Betonbauten, die seitdem errichtet wurden, sind diesem Stil zuzuordnen und somit alle irgendwie brutalistisch. Auf Social Media, wo der Brutalismus in den letzten Jahren ein beachtliches Comeback feiert, wurde der Begriff längst zum Synonym für jegliche Bauten aus Sichtbeton.[4] Doch so einfach ist die Sache nicht. Ohne hier auf die Details der fachlichen Diskussion zwischen Reyner Banham und den Smithsons in den 1950er-Jahren näher einzugehen, birgt dieser Trend das Risiko einer gewissen Beliebigkeit und die Gefahr, den «sperrigen, widerständigen Charakter der Bewegung aus den Augen zu verlieren, denn nicht jeder Bau aus Sichtbeton ist brutalistisch.»[5]

Aber was ist dann Brutalismus? Die Frage stellte Wolfgang Pehnt bereits 1960 in seinem Zeitschriftenbeitrag «Was ist Brutalismus?» nachdem die Smithsons den Begriff 1953 in Architectural Design zum ersten Mal verwendet hatten und Reyner Banham ihn zwei Jahre später in der Zeitschrift Architectural Review fest in der Architekturdebatte verankert hatte. Pehnt «konstatierte, dass es einfacher sei zu definieren, was Brutalismus nicht ist, als zu bestimmen, was er ist».[6] Es ist überfällig brutalistische Architektur neu zu bewerten. Nicht nur weil der «Brutalismus von heute nicht mehr der ist, den Banham und die Smithsons in Diskussion gebracht haben»[7], sondern auch weil das Narrativ, der Brutalismus sei aus dieser Debatte hervorgegangen, so

1 Branscome, Eva et al.: «Großbritannien», in: Elser, Oliver / Kurz, Philip / Cachola Schmal, Peter (Hrsg.): *SOS Brutalismus – Eine internationale Bestandsaufnahme*, Zürich 2017, S. 427.

2 Branscome, 2017, S. 427.

3 Furger, Claudia: «Comeback des Brutalismus – Diese hässlichen Gebäude sind wieder hoch im Kurs», in: *BellevueNZZ*, 01.05.2017, https://bellevue.nzz.ch/design-wohnen/bauten-des-architektur-ld.1289659 (abgerufen am 17.02.2022).

4 Vgl. Busse, Annette: «Von brut zum Brutalismus – Die Entwicklung von 1900 bis 1955», in: Elser, Oliver / Kurz, Philip / Cachola Schmal, Peter (Hrsg.): *SOS Brutalismus – Eine internationale Bestandsaufnahme*, Zürich 2017, S. 33.

5 Vgl. Elser, Oliver: «Just what is it that makes Brutalism today so appealing? Eine neue Definition aus internationaler Perspektive», in: Elser, Oliver / Kurz, Philip / Cachola Schmal, Peter (Hrsg.): *SOS Brutalismus – Eine internationale Bestandsaufnahme*, Zürich 2017, S. 15.

6 Elser, 2017, S. 15.

7 Busse, 2017, S. 33.

Aufgang zur Fußgangerbrücke Wilhelm-Röpke-Straße (2016)

nicht stimmt. Bereits zu Beginn des 20. Jahrhunderts, als die Betonarchitektur noch in den Kinderschuhen steckte, finden sich Betonoberflächen mit einer gewissen Rohbauästhetik, die deutliche Spuren des Arbeitsprozesses tragen.[8] De facto gab es den Brutalismus bereits. Das Kind hatte einfach nur noch keinen Namen. Es fehlte der theoretische Überbau, da kein Diskurs stattfand. Aber béton brut wurde von Anfang an als Gestaltungsmittel verwendet. «Das Abbilden der inhaltlichen Struktur in der äußeren Konstruktion war erst mit diesem Material möglich geworden. Nun konnte das System gezeigt werden und nicht nur die reine Form. Die Organisation steht über den geometrischen Eigenschaften. Unverkleidet, unverfälscht, echt, authentisch, aber auch roh und direkt – das sind die Adjektive, die [...] benutzt wurden, [...] Die Gestalt sollte ohne Rhetorik das Innere nach außen kehren, Kraftverläufe und Prozesse sichtbar machen und damit eine unbestreitbare Realität jenseits der puren Form erzeugen.»[9]

Der Brutalismus brachte weltweit eine große Vielfalt an Betonformationen hervor. In London erhielt er lediglich seinen Namen. Die akademische Diskussion darüber, was denn nun der wahre Brutalismus sei, war und blieb im Grunde eine britische. Der Brutalismus aber wurde zum internationalen Phänomen und entwickelte eine Eigendynamik.[10] Und auch der Begriff verselbständigte sich und wurde «durch den Rekurs auf Le Corbusiers béton brut gegen alle Absicht bald zu einem charismatischen Stilbegriff»[11] Die ethische Dimension geriet in Vergessenheit und allmählich etablierte sich das Klischee einer «brutalen» Betonarchitektur.[12] War der Brutalismus zunächst eine «kritische, den realen Herausforderungen der modernen Industriegesellschaft im Sinne einer Arte povera künstlerisch antwortende Haltung»[13], also eine Frage der geistigen Grundeinstellung und nicht des Baustoffes, kam er nach und nach immer mehr in Mode. Damit ging sein subversives Potential verloren, was Banham 1966 dazu brachte mit ihm abzuschließen. Er fragte sich, ob der Brutalismus überhaupt noch einer Ethik folge oder nicht bereits zur reinen Ästhetik verkommen sei.[14] Doch bringt es uns heute überhaupt etwas diese Frage erschöpfend zu beantworten? Ist es nicht vielmehr so wie Jürgen Joedicke schrieb: «Tatsächlich sah man auch auf Seiten der Architekturkritiker den von den Brutalisten im Begriff der Verantwortung postulierten Konnex zwischen sozialer Ethik und Ästhetik zunehmend skeptisch: Den Smithsons unterläuft der gleiche Trugschluss wie den meisten Verfechtern dieser These: Die Gesellschaft, für die sie zu bauen vorgeben, existiert nicht; sie existiert nur in der Vorstellung des Architekten. Die vorhandene Gesellschaft steht den Bemühungen avantgardistischer Architekten zumeist verständnislos gegenüber.»[15]

Die meisten in diesem Buch gezeigten Betonbauten entsprechen nicht Banhams Anspruch, der Brutalismus habe eher eine ethische als eine ästhetische Haltung zu sein. Deshalb wurde der Terminus hier auch oft durch das Wort Beton ersetzt oder als Synonym für Sichtbetonarchitektur gebraucht. Sicher ist auch, dass schon in den 1960er-Jahren der Begriff für viele gar keine Rolle und Banhams Frage nur eine untergeordnete Rolle spielte.[16] So kann man sich jetzt einerseits die Frage stellen, ob Brutalismus überhaupt der passende Begriff ist, aber andererseits warum auf einen so gut etablierten Begriff verzichten, wenn man sich der Unschärfen bewusst ist.[17]

Überall auf der Welt, so auch in Marburg, entstanden in den 1960ern und 1970ern zahlreiche brutalistische Bauten die heute Mittelpunkt einer kritischen Diskussion um Bedeutung, Wert, Erhaltung und Sanierung sind. Zwar hinterließ der Zweite Weltkrieg in Marburg relativ wenige Schäden, trotzdem ist die Stadtentwicklung von starken Gegensätzen geprägt. In den 1960ern war die Verkehrspolitik ein

8 Elser, 2017, S. 15.

9 Vgl. Cohen, Jean-Louis: «Westeuropa. Jenseits von Großbritannien: Der Proto-Brutalismus und die Situation in Frankreich – ein Interview mit Jean-Louis Cohen», in: Elser, Oliver / Kurz, Philip / Cachola Schmal, Peter (Hg.): *SOS Brutalismus – Eine internationale Bestandsaufnahme*, Zürich 2017, S. 335.

10 Busse, 2017, S. 37.

11 Vgl. Elser, 2017, S. 15.

12 Buttlar, Adrian von: «Brutalismus in Deutschland – Fortschrittspathos als ästhetische Revolte», in: *Brutalismus – Beiträge des Internationalen Symposiums in Berlin 2012*, Zürich 2017, S. 63.

13 Vgl. Buttlar, 2017, S. 63.

14 Buttlar, 2017, S. 63.

15 Vgl. Cohen, 2017, S. 337

16 Joedicke, Jürgen: «New Brutalism. Brutalismus in der Architektur», in: *Bauen und Wohnen*, 11 (1964), S. 421–422.

17 Vgl. Cohen, 2017, S. 337

wichtiger Faktor und auch die Anzahl der Studierenden nahm immer mehr zu. Der Schwerpunkt der Baupolitik und Stadtplanung lag auf dem Ausbau des Straßennetzes und der Schaffung von günstigem Wohnraum.[18] Viele der damals errichteten modernen Gebäude prägen heute das Stadtbild.

Neben noch immer überwiegend unbeliebten Betonklötzen wie beispielsweise dem sogenannten «Affenfelsen» oder brutalistischen Höhepunkten, wie das Hauptpostamt und die Lahnberge, gibt es eine Reihe Marburger Betongebäude, die weitaus weniger Aufmerksamkeit erfahren, aber dennoch einen Blick wert sind. In diesem Sinne kann dieser Bildband auch als Inspiration dienen beim nächsten Spaziergang dem Beton in der Nachbarschaft ein klein wenig mehr Aufmerksamkeit zu schenken.

18 Vgl. Cohen, 2017, S. 339.

19 Vgl. Tina Bößhenz et al.: Architektur des 20. Jahrhunderts. In: Marburg – Architekturführer, Hrsg. Ellen Kemp, Katharina Krause und Ulrich Schütte, Petersberg 2002, S. 43 – 48.

UNIVERSITÄTSBETON

Es war die Philipps-Universität Marburg, die dazu beigetragen hat, das Gesicht der Stadt Marburg entscheidend zu verändern. Mit den neuen Universitätsbauten Jahren treten moderne Materialien wie Stahlbeton und Glas vermehrt in Erscheinung, nicht nur auf den Lahnbergen, sondern ebenso in der Stadt selbst. Meist geometrisch gegliedert, in Skelettbauweise errichtet und mit Sichtbeton verkleidet, sollte durch diese Art zu bauen eine gestalterische Vielfalt erreicht werden. Mit großen Glasflächen wollte man eine transparente Wirkung erzielen.[1] Die Gebäude in der Biegenstraße und die geisteswissenschaftlichen Institute in der Wilhelm-Röpke-Straße sind mit ihrer schlichten Formensprache ein typisches Beispiel für den damaligen Zeitgeist. Die schnörkellose Einfachheit ging mit der Vorstellung von einer neuen Gesellschaft einher.[2] Insofern kann man sagen: Brutalistische Bauten sind Architektur gewordene, in Beton gegossene, Wunschträume von einer klassenlosen egalitären Gesellschaftsordnung.

Eine rasante Hochschulexpansion machte in den 1960er-Jahren zudem eine Veränderung der universitären Infrastruktur dringend notwendig. Das Bauvorhaben auf den Lahnbergen kann mit Fug und Recht als das ehrgeizigste Bauvorhaben der Marburger Universitätsgeschichte bezeichnet werden. In kurzer Zeit mussten möglichst viele Arbeits- und Studienplätze geschaffen und gleichzeitig ganze Institutsbereiche aus der Innenstadt an die Peripherie verlagert werden.[3] Am eigens für dieses Bauvorhaben gegründeten Universitätsneubauamt entwickelten die Architekten Kurt Schneider, Helmut Spieker und Winfried Scholl das Grundkonzept. Das Marburger Bausystems fand in Fachkreisen Anerkennung und wurde international beachtet.[4] Die genormte Bauweise dieses Systems ermöglichte es die für Institutsbauten typischen Forderungen nach Flexibilität und Variabilität zu berücksichtigen und umzusetzen.[5] Ausgehend von einem Raster wurde die Fläche in quadratische Felder unterteilt und konnte mit bis zu acht gleich hohen Geschossen bebaut werden. Die konstanten Grundmaße ermöglichten die Verwendung von wenigen Typen an Bauelementen aus Stahlbeton, die vor Ort auf den Lahnbergen in einer Feldfabrik produziert wurden.[6]

Sukzessive wurden die Betonbauten, die den Campus Lahnberge noch heute prägen, errichtet; von 1967–1977 die chemischen Institute, das Hörsaalgebäude, der Botanische Garten und das Heizwerk, anschließend das Klinikum (1975–1984) und das Studentenzentrum (1982–1985). Doch die Reduktion der Geldmittel hatte zur Folge, dass das Gelände, wie man es heute vorfindet, ein Rumpfcampus geblieben ist. Die verstreuten Bauten bringen unnötig lange Fußwege mit sich und da das ursprünglich geplante Forum nicht verwirklicht wurde, fehlt ein Zentrum. Nichtsdestotrotz kann man auf dem Gelände die Architekturentwicklung von 1964 bis heute nachvollziehen.

1 Bößhenz, Tina et al.: «Architektur des 20. Jahrhunderts». In: Kemp, Ellen / Krause, Katharina / Schütte, Ulrich (Hg.): *Marburg – Architekturführer*, Petersberg 2002, S. 45.

2 Klotz, Heinrich: Gestaltung einer neuen Umwelt – Kritische Essays zur Architektur der Gegenwart, Luzern und Frankfurt a. M. 1978, S. 85.

3 Jachmann, Julian / Özen-Kleine, Britta: «Die Lahnberge». In: Kemp, Ellen / Krause, Katharina / Schütte, Ulrich (Hg.): *Marburg – Architekturführer*, Petersberg 2002, S. 222.

4 Fritzsche, Werner et al.: In: *Universitätsbauten in Marburg 1945–1980. Baugeschichte und Liegenschaften der Philipps-Universität*, Marburg 2003, S. 251.

5 Fritzsche, 2003, S. 251.

6 Jachmann, Julian / Özen-Kleine, Britta: «Die Lahnberge». In: Kemp, Ellen / Krause, Katharina / Schütte, Ulrich (Hg.): *Marburg – Architekturführer*, Petersberg 2002, S. 226.

7 Jachmann, 2002, S. 222.

Botanischer Garten auf den Lahnbergen

Doppelseite: Geisteswissenschaftliche Institute in der Wilhelm-Röpke-Straße

Doppelseite: Geisteswissenschaftliche Institute in der Wilhelm-Röpke-Straße

GEISTESWISSENSCHAFTLICHE INSTITUTE

Doppelseite: Geisteswissenschaftliche Institute in der Wilhelm-Röpke-Straße

Raum
für
Notizen

Vision
of
a
better
world

Klinikum Marburg

Fachbereich Chemie

Campus Lahnberge

Campus auf den Lahnbergen

Campus Lahnberge

Campus Lahnberge

Hörsaalgebäude Chemie auf den Lahnbergen

Campus Lahnberge

Mensa Erlenring, «café zeitlos»

Doppelseite: Campus Lahnberge

Doppelseite: Alte Universitätsbibliothek in der Wilhelm-Röpke-Straße

UNIVERSITÄTS-BIBLIOTHEK

Eingang zum Senatssitzungssaal

Seitenansicht der ehemaligen Kinderklinik in der Bunsenstraße

Hörsaalgebäude in der Biegenstraße

Wandrelief von Fritz Wotruba im 1. Stock

Hörsaalgebäude in der Biegenstraße

SAKRALBETON

Detail im Inneren der Liebfrauenkirche

Anders als die profanen Betonmonster genießen brutalistische Sakralbauten eine höhere Akzeptanz. Hier werden die anspruchsvollen und fordernden Formen «leichter akzeptiert, weil ihr skulpturaler Charakter der spirituellen Nutzung angemessen erscheint.»[1] Sakrale Ikonografie rechtfertigte gestalterische Freiheiten, die den Architekten der Profanbauten verwehrt blieben.[2]

Günter Maiwalds Liebfrauenkirche (1959–1965) in der Großseelheimer Straße schiebt sich mit ihrem Betonturm imposant spiralförmig in den Himmel und die Namenspatrone der katholischen Pfarrkirche St. Peter und Paul (1957–1959) wurden von den Architekten Erwin Lenz und Otto Lindner programmatisch in den Baukörper integriert. Die rote fensterlose Sandsteinwand repräsentiert Petrus und die Südwand aus hellem Beton mit lamellenartig aufgefächerten Buntglasfenstern steht für Paulus.[3] Das durch die farbenprächtigen Fenster einfallende Tageslicht erzeugt beeindruckende Farbreflexe auf den Kirchenbänken und den zurückhaltenden einfachen Betonwänden. Die Materialkombination aus Beton und Sandstein wurde von den Architekten bis ins Detail durchgezogen. Sie wiederholt sich auch am Glockenturm, der als Kampanile separat steht.[4] Die gotische Elisabethkirche mag das Wahrzeichen Marburgs sein, aber die meisten Marburger Kirchen und Gemeindehäuser sind moderne Bauten, so die Matthäuskirche in Ockershausen, die Markuskirche in der Marbach, die Lukaskirche in der Zeppelinstraße, die Emmauskirche auf dem Richtsberg, die Pauluskirche in der Fontanestraße und nicht zuletzt die katholische Filialkirche St. Martin in Wehrda. Nicht immer, aber oft haben diese modernen Sakralbauten eine Fassade aus Beton.

1 Härig, Beatrice: «Betonmonster – Der Brutalismus und die digitale Denkmalwelt». In: *monumente-online*, Februar 2018, https://www.monumente-online.de/de/ausgaben/2018/1/Brutalismus.php (abgerufen am 10.05.2022)

2 Vgl. Pehnt, Wolfgang: «Lebendige Spur – Kirchen in Zeiten des Brutalismus». In: Elser, Oliver / Kurz, Philip / Cachola Schmal, Peter (Hg.): *SOS Brutalismus – Eine internationale Bestandsaufnahme*, Zürich 2017, S. 44.

3 Vgl. Lux, Sebastian: «Peter und Paul (Katholische Pfarrkirche)». In: Kemp, Ellen / Krause, Katharina / Schütte, Ulrich (Hg.): *Marburg – Architekturführer*, Petersberg 2002, S. 201.

4 Lux, 2002, S. 201

Außenfassade der Lukaskirche in der Zeppelinstraße (rechts)
Liebfrauenkirche in der Großseelheimer Straße (unten)

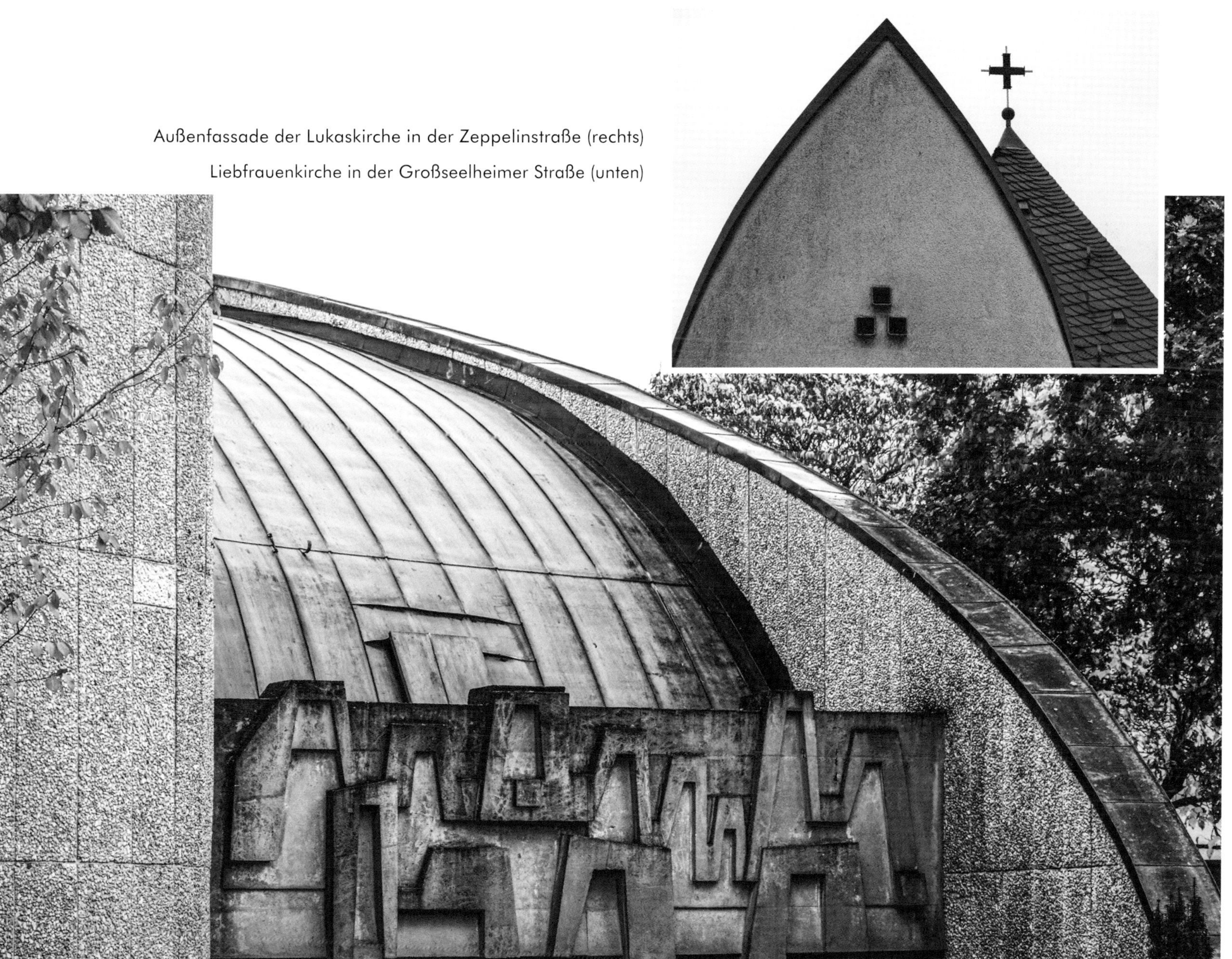

Glockenturm
und Eingang der
Matthäuskirche
in der Stiftstraße

Details im Inneren der Liebfrauenkirche

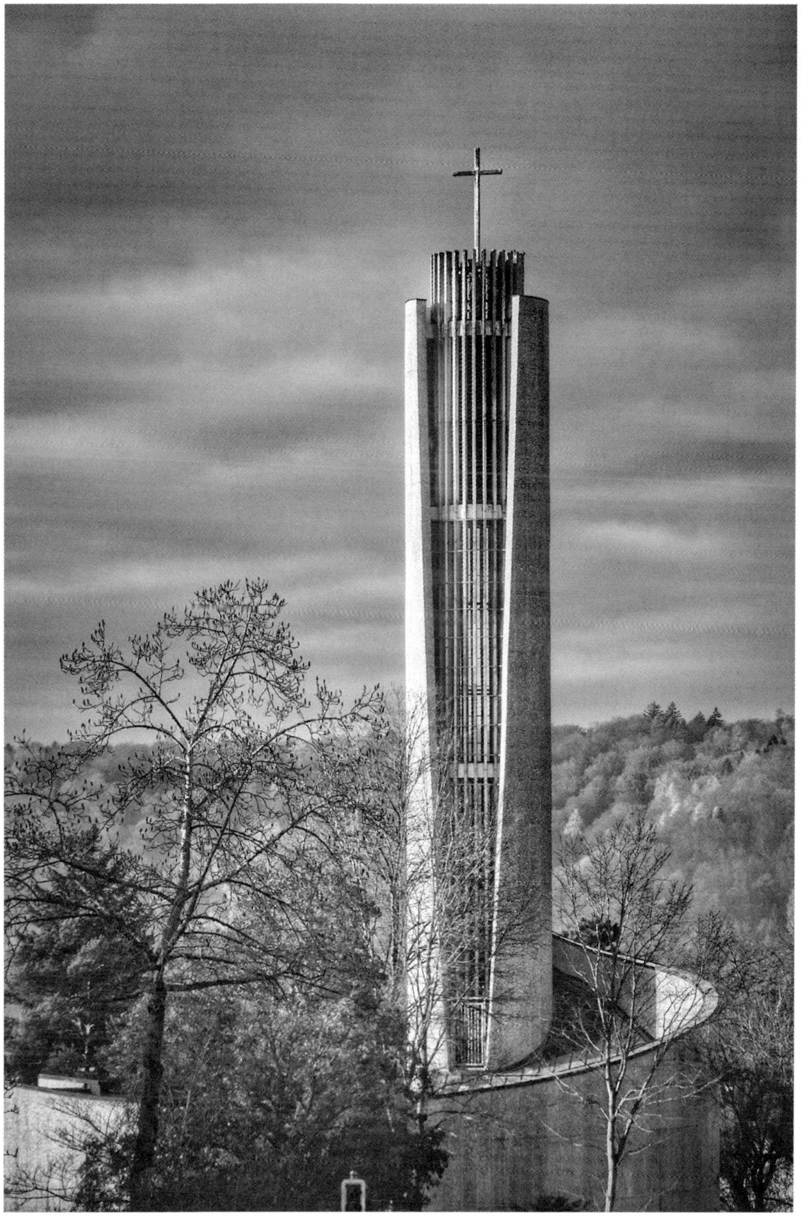

Liebfrauenkirche in der Großseelheimer Straße

Doppelseite: Fassadendetails St. Peter und Paul

Hintereingang der Kugelkirche

Turm der Emmauskirche auf dem Richtsberg

Fassadendetails St. Peter und Paul

Innenraum St. Peter und Paul in der Biegenstraße

WOHNBETON

Die Schäden, die der Zweite Weltkrieg in Marburg anrichtete, fielen vergleichsweise gering aus. Zu Zerstörungen kam es besonders im Bahnhofs- und Kliniksviertel. Bedingt durch die Kriegsfolgen und Flüchtlingsströme stieg der Bedarf an Wohnraum erheblich. Zunehmende Studentenzahlen in den 1960er-Jahren vergrößerten die Wohnungsnot außerdem. Mit 25% hatte Marburg 1964 das höchste Defizit an Wohnraum in der Bundesrepublik Deutschland.[1] Um vor allem der studentischen Wohnungsnot zu begegnen, ließ das Studentenwerk auf einem 4 ha großen Gelände das Studentendorf, einen Baukomplex mit 805 Wohnheimplätzen errichten. Die Anlage besteht aus sieben Wohnhäusern, die locker um ein Clubhaus herum angeordnet wurden.[2]

Der Schwerpunkt der Stadtplanung und Baupolitik lag in dieser Zeit auf der Errichtung von Mietwohnungen und Sozialbauten, wie dem Richtsberg oder der Tannenbergsiedlung. Im unteren Bereich des Richtsbergs wechseln sich Solitärbauten mit Reihenhäusern ab. Die Silhouette des Oberen Richtsbergs prägen achtgeschossige Wohnhäuser, die in Großtafel-Fertigbauweise errichtet wurden.[3]

Als eines der umstrittensten Bauvorhaben im Bereich des Wohnungsbaus gilt der Hochhauskomplex in der Gisselberger Straße, der sogenannte «Affenfelsen». Um diesen Bau zu errichten musste 1970 ein barockes Wirtshaus weichen. Der Abriss wurde mit Baufälligkeit begründet und Proteste blieben ebenso unberücksichtigt wie Bedenken gegen die massiven Ausmaße des Neubaus.[4] Der Affenfelsen hebt sich deutlich von seiner unmittelbaren Nachbarschaft ab. Von Weitem dominant sichtbar und förmlich in die gründerzeitliche Architektur des Südviertels hineingewuchtet, ohne auf gewachsene Strukturen Rücksicht zu nehmen, wird er von vielen nicht als Bereicherung des Stadtbildes empfunden.

1 Vgl. Bößhenz, Tina et al.: «Architektur des 20. Jahrhunderts». In: Kemp, Ellen / Krause, Katharina / Schütte, Ulrich (Hg.): *Marburg – Architekturführer*, Petersberg 2002, S. 45.

2 Vgl. Funk-Vollmar, Eva / Jachmann, Julian: «Studentendorf». In: Kemp, Ellen / Krause, Katharina / Schütte, Ulrich (Hg.): *Marburg – Architekturführer*, Petersberg 2002, S. 218.

3 Vgl. Kemp, Ellen: «Der Richtsberg». In: Kemp, Ellen / Krause, Katharina / Schütte, Ulrich (Hg.): *Marburg – Architekturführer*, Petersberg 2002, S. 220.

4 Vgl. Bößhenz, Tina: «Wohn- und Geschäftshaus (Affenfelsen)». In: Kemp, Ellen / Krause, Katharina / Schütte, Ulrich (Hg.): *Marburg – Architekturführer*, Petersberg 2002, S. 145.

Hochhaus in der Gisselberger Straße,
der sogenannte Affenfelsen

Rückseite einer Wohnanlage in der Friedrich-Ebert-Straße

Eingang einer Wohnanlage am Barfüßertor

Doppelseite: Fassadendetails einer Wohnanlage in der Cappeler Straße

Ehemaliges Hausmeisterhäuschen in der Eisenstraße

Blick auf den Richtsberg

Doppelseite: Wohnhäuser Am Richtsberg

Doppelseite: Wohnhäuser in der Universitätsstraße

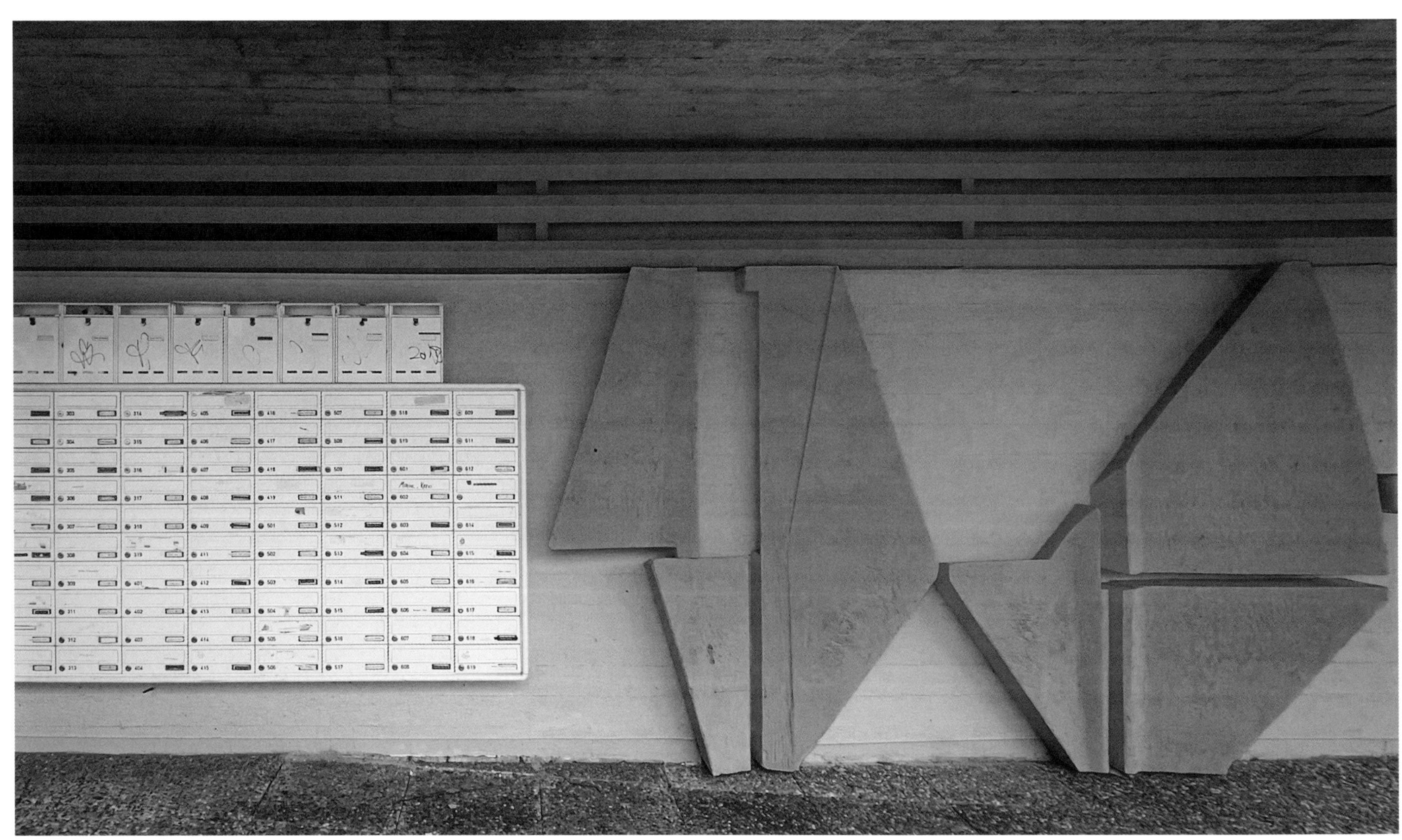

Doppelseite: Eingangsbereich zum UKGM Personalwohnheim in der Wilhelm-Röpke-Straße

Wohnhäuser im Waldtal

unten und links: Wohngebäude in der Bunsenstraße

UKGM Personalwohnheim Sonnenblickallee

Hochhaus in der Gisselberger Straße, der sogenannte Affenfelsen

Balkone am Jahnplatz

STADTBETON

Die Stadtentwicklung in Marburg ist in den 1960er stark von Gegensätzen geprägt. Ein damals äußerst wichtiger Faktor war die Verkehrspolitik. Wichtige und stark belastete Verkehrsknotenpunkte wurden in den 1970er-Jahren ausgebaut. Um die Verkehrsströme zu entzerren wandelte man die B3 in eine Stadtautobahn um. Das machte es wiederum notwendig, Unterführungen und Brücken zu bauen, um die einzelnen Stadtteile miteinander zu verbinden. Vor allem durch den Umstand, dass die Stadtautobahn im Bereich Krummbogen und Bahnhofstraße als Hochstraße angelegt war, machte sie umstritten. 1974 wurde sie für den Verkehr freigegeben.[1]

Bushaltestelle in Ockershausen

Bushaltestelle Südbahnhof

Am Rudolphsplatz, der Oberstadt, Weidenhausen, Südviertel und die stark befahrene Universitätsstraße verbindet, sollte eine Entflechtung der Verkehrsmittel erreicht werden. Die Tendenz «Sanierung durch Abbruch» war zu dieser Zeit deutschlandweit verbreitet und so fielen mehrere historische Bauten der Abrissbirne zum Opfer, um den Verkehr fließender zu gestalten.[2] Zwar gab es auch Bestrebungen am Rudolphsplatz postmoderne Architektur unter Wiederverwendung der alten Bausubstanz in ein Gesamtkonzept zu integrieren, aber umgesetzt wurde der Entwurf des britischen Architekten James Stirling nicht.

Stattdessen entstand unter dem Straßenniveau eine eigens für Fußgänger geschaffene Ebene, deren Mittelpunkt ein in das Pflaster integrierter Rundbrunnen bildet. Unterführungen und Passagen verbinden den tiefergelegenen Teil des Rudolphsplatzes mit den umliegenden Straßen. Darüber verläuft auf einer groß angelegten Kreuzung der Autoverkehr. Die Ausführung des an sich fußgängerfreundlichen Konzepts steht jedoch in der Kritik. Bemängelt werden das Baumaterial und die kalte Neonbeleuchtung. Was einst als modern und fortschrittlich galt, wird heute leider oft als trist empfunden.[3]

1 Vgl. Bößhenz, Tina et al.: «Architektur des 20. Jahrhunderts». In: Kemp, Ellen / Krause, Katharina / Schütte, Ulrich (Hg.): *Marburg – Architekturführer*, Petersberg 2002, S. 43.

2 Bößhenz, 2002, S. 45.

3 Vgl. Bößhenz, Tina: «Rudolphsplatz». In: Kemp, Ellen / Krause, Katharina / Schütte, Ulrich (Hg.): *Marburg – Architekturführer*, Petersberg 2002, S. 128.

Brückenpfeiler der B3 Hermann-Cohen-Weg

Haltestelle am Krummbogen

Brückenpfeiler der B3, Krummbogen

Landratsamt Marburg – Im Lichtenholz Cappel

Brunnen und Unterführung am Rudolphsplatz

KUNSTBETON

Betonbank vor der alten Universitätsbibliothek

Kurz nach dem Ende des Zweiten Weltkriegs nahm das Land Hessen die Tradition öffentliche Gebäude mit Kunstwerken zu schmücken, wieder auf und förderte die künstlerische Gestaltung und Ausstattung öffentlicher Gebäude. Auch in Marburg wurden große Summen für die künstlerische Ausgestaltung der Universitätsbauten ausgegeben.[1] Beispiele für die Verbindung von Kunst und Beton finden sich in der ganzen Stadt: Betonreliefs in und an Gebäuden der Universität, Skulpturen, Brunnen, bemalte Elektrokästen, aber auch sogenannte «Murals», Wandgemälde, an einigen Hochhausfassaden auf dem Richtsberg.

Betonbauten «dienten der Selbstdarstellung fortschrittlich gedachter Staaten: ehrlich und direkt. Der Zahn der Zeit hat sie dann oft zu Schmuddelkindern werden lassen, verwahrlost, trostlos und wenig geliebt – was wiederum die Subkultur anzieht.»[2] Überall auf der Welt sind im öffentlichen Raum frei zugängliche Betonoberflächen für Sprayer und Graffitikünstler eine willkommene Projektionsfläche um politische oder gesellschaftliche Botschaften zu verbreiten. Die Pfeiler der Stadtautobahn in der Nähe des Bahnhofs sind seit Jahren eine Galerie für Straßenkunst. Neben bloßen Graffiti-Tags, die von vielen nur als Vandalismus empfunden werden, entstehen immer wieder neue Bilder, auf die die Bezeichnung Kunst durchaus zutrifft. Es gehört zum Wesen der Streetart, dass sie vergänglich ist. Diese Vergänglichkeit macht sie zu etwas Besonderem, denn niemand kann vorhersagen, wann ein Graffiti übermalt oder zerstört wird. Und selbst, wenn das nicht passiert, sind die meisten Graffiti Wind und Wetter ausgesetzt, und es ist nur eine Frage der Zeit bis sie wieder verschwunden sind.

1 Vgl. Fritzsche, Werner et al. In: *Universitätsbauten in Marburg 1945–1980. Baugeschichte und Liegenschaften der Philipps-Universität*, Marburg 2003, S. 283.

2 Härig, Beatrice: «Betonmonster – Der Brutalismus und die digitale Denkmalwelt». In: *monumente-online*, Februar 2018, https://www.monumente-online.de/de/ausgaben/2018/1/Brutalismus.php (abgerufen am 10.05.2022).

Relief «Kosmisches» von Volker Benninghoff, hier noch an der Außenfassade Ecke Universitätsstraße/Gutenbergstraße

Graffito unter der Brücke der Stadtautobahn (2021)

Paste-Up des Kölner Streetart Künstlers «SeiLeise» an einem Brückenpfeiler der B3 in der Bahnhofstraße (2020)

Paste-Up des Kölner Streetart Künstlers «SeiLeise» in der Lahnstraße (2020)

Waschbär-Graffito unter der Brücke der Stadtautobahn (2018)

Graffito unter der Brücke der Stadtautobahn (2021)

Doppelseite: Streetart unter der Lahnbrücke Südspange

Treppenaufgang der Unterführung zur Phil-Fak (oben)

Treppenhaus im Fernheizwerk Lahnberge (links)

Statuen der Heiligen Hedwig und Elisabeth
an einer Außenfassade in der Elisabethstraße

Mosaik an der Außenfassade der Mosaikschule

Details des Wandreliefs von Fritz Wotruba im Hörsaalgebäude in der Biegenstraße

Udo Lindenberg Graffito an einer Säule des Verwaltungsgebäudes der Philipps-Universität Marburg

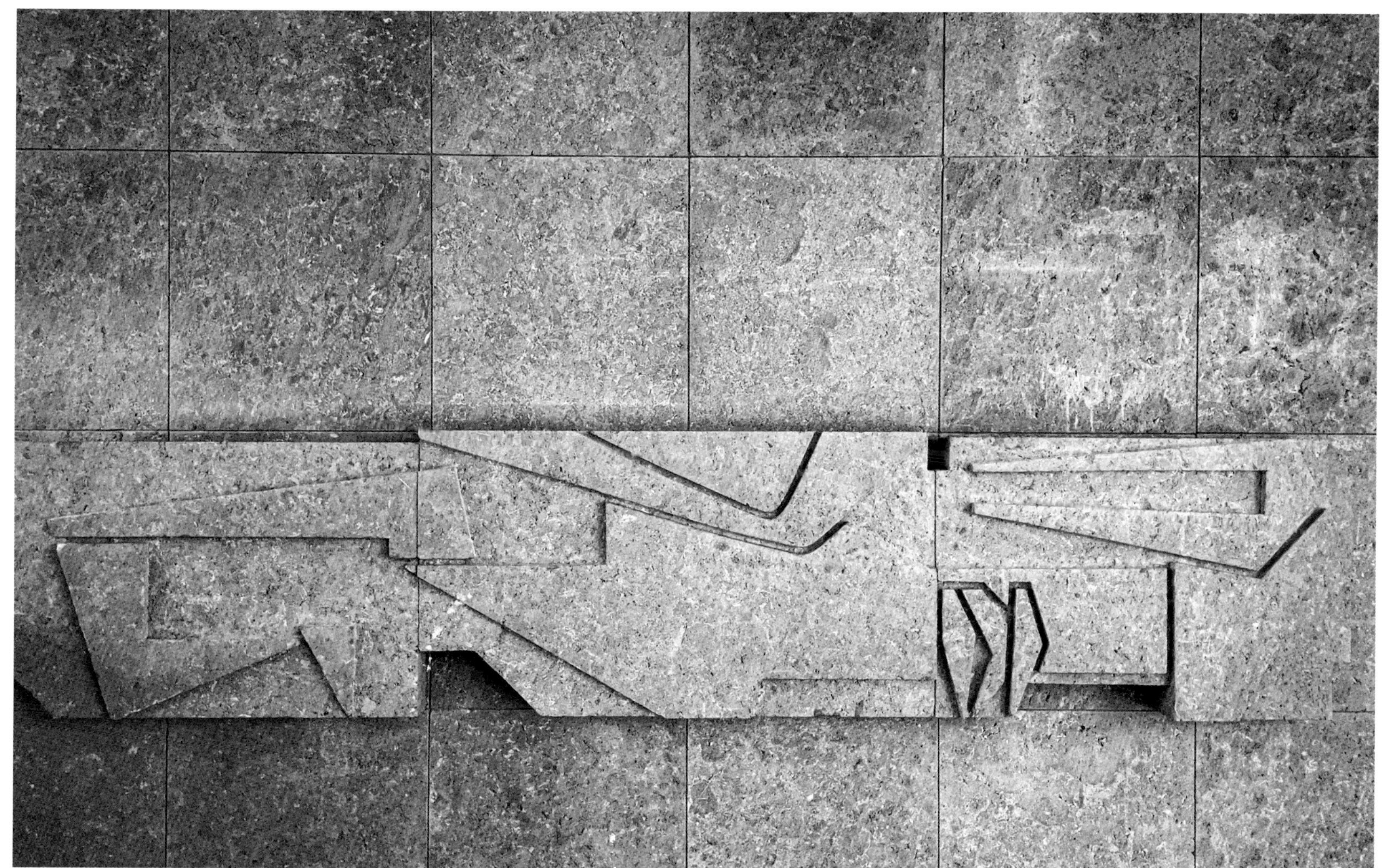

Wandrelief von Heinz Hemrich im Verwaltungsgebäude der Philipps-Universität Marburg

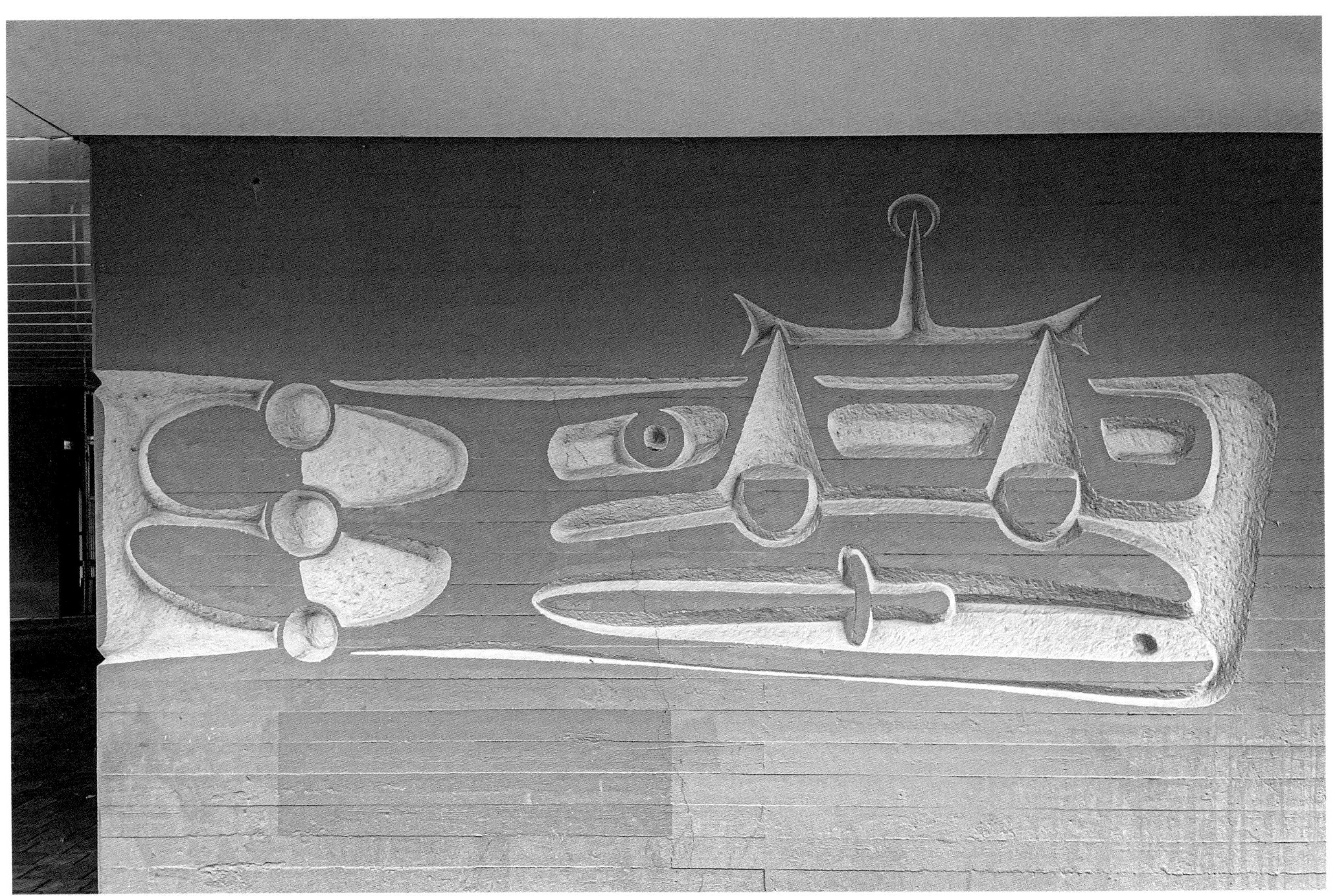

Wandrelief am Amtsgericht in der Universitätsstraße

Betonrelief von Hermann Tomada über dem Eingang des Studentenhauses Erlenring

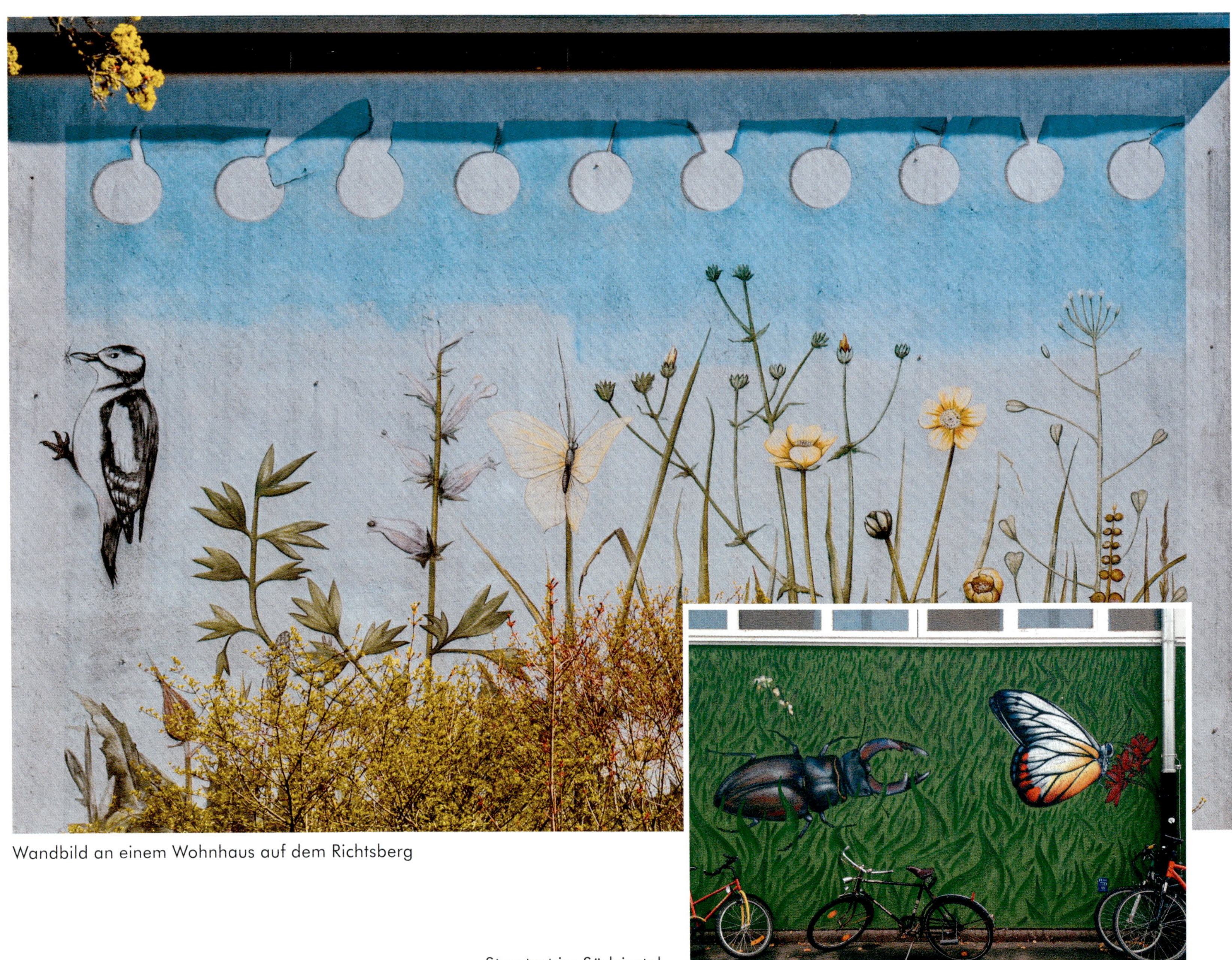

Wandbild an einem Wohnhaus auf dem Richtsberg

Streetart im Südviertel

Graffito unter der Brücke der Stadtautobahn (2016)

FUNKTIONSBETON

«Hinter den brutalistischen Gebäuden stehen gute Absichten und historische Begründungen. Als öffentliche Gebäude in Ost wie West und in vielen regionalen Besonderheiten weltweit sollten sie als «soziale» Architektur allen Bürgern dienen. Im deutschen Wiederaufbau formulierten sie gerade im Schul-, Theater- oder Rathausbau eine klare Aussage gegen die Formen der vergangenen Epochen. Sie dienten der Selbstdarstellung fortschrittlich gedachter Staaten: ehrlich und direkt.»[1]

Das Fernheizwerk auf den Lahnbergen ist ein Paradebeispiel wie wuchtig Betonbauten in den 1960er-Jahren geplant und realisiert wurden. Im Gegensatz dazu wirken das von Johannes Möhrle entworfene Hauptpostamt (1976) in der Zimmermannstraße und die dazugehörige ehemalige Hausmeisterwohnung in der Eisenstraße regelrecht verspielt. Mit ihren Dachaufbauten und den primärfarbigen Akzenten erinnert die Hauptpost von weitem fast an ein U-Boot.[2] Sie gilt als eines der wichtigsten Gebäude der Nachkriegsmoderne und steht als eines der ersten brutalistischen Gebäude in Hessen seit 2007 unter Denkmalschutz.[3] Das Innere des Gebäudes ist leider nicht mehr zugänglich und man kann nur noch durch das Glas der ehemaligen Eingangstür einen Blick auf die mit ungebrochenen Farben gestaltete Schalterhalle werfen.

Knalliges Gelb findet man auch im Inneren des Studentenhauses am Erlenring. Das Café Zeitlos macht seinem Namen alle Ehre und obwohl man sich sofort in die 1970er-Jahre zurückversetzt fühlt, passt es mit seinen liebevollen Details ins Hier und Jetzt. Die Außenansicht des Gebäudes ist von großen, rechteckig gegliederten Glasfassaden, dem roten Aufzugsturm und dem auffälligen Betonrelief des Darmstädter Bildhauers Hermann Tomada geprägt. Die Fußgängerbrücke über die Lahn verbindet das Studentenhaus, das neben dem BAföG-Amt und dem Studentenwerk vor allem die Mensa beherbergt, mit den Universitätsbauten in der Biegenstraße.[4]

Mitte der 1970er-Jahre veränderten sich die ästhetischen Vorstellungen. So steht die Architektur des Universitätsklinikums (1975–84) in der Baldingerstraße nur noch mit einigen konstruktiven Details in der Tradition des Marburger Bausystems. Das Marburger Bausystem wurde dem damaligen Geschmack angepasst. Primärfarbige Akzente wie die auffälligen gelben Sanitärzellen und Aluminiumverblendungen dominieren die Außenansicht und verdecken die Konstruktion.[5]

1 Härig, Beatrice: «Betonmonster – Der Brutalismus und die digitale Denkmalwelt». In: *monumente-online*, Februar 2018, https://www.monumente-online.de/de/ausgaben/2018/1/Brutalismus.php (abgerufen am 10.05.2022)

2 Vgl. Becker, Christine / Krause, Katharina: «Neue Post». In: Kemp, Ellen / Krause, Katharina / Schütte, Ulrich (Hg.): *Marburg – Architekturführer*, Petersberg 2002, S. 186.

3 Vgl. Berkemann, Karin: «Hauptpostamt Marburg». In: Elser, Oliver / Kurz, Philip / Cachola Schmal, Peter (Hg.): *SOS Brutalismus – Eine internationale Bestandsaufnahme*, Zürich 2017, S. 471.

4 Vgl. Sebastian Lux: «Studentenhaus und Mensa». In: Kemp, Ellen / Krause, Katharina / Schütte, Ulrich (Hg.): *Marburg – Architekturführer*, S. 203. Fritzsche, Werner et al.: In: *Universitätsbauten in Marburg 1945–1980. Baugeschichte und Liegenschaften der Philipps-Universität*, Marburg 2003, S. 220.

5 Vgl. Julian Jachmann / Britta Özen-Kleine: «Klinikum». In: Kemp, Ellen / Krause, Katharina / Schütte, Ulrich (Hg.): *Marburg – Architekturführer*, S. 231 f.

Institut für Pharmazeutische Chemie im Marbacher Weg

Eingangsbereich des Amtsgerichts Marburg in der Universitätsstraße (oben)
Eingangsbereich des Amtsgerichts Marburg in der Universitätsstraße (links)
Fensterfront des Amtsgerichts (rechts)

Doppelseite:
Fernheizwerk Lahnberge

Fernheizwerk Lahnberge

Weihnachtsdekoration am Fernheizwerk Lahnberge

Fernheizwerk Lahnberge

Fernheizwerk Lahnberge

Blockheizkraftwerk in Weidenhausen

Parkhaus im Pilgrimstein

Altes City-Parkhaus

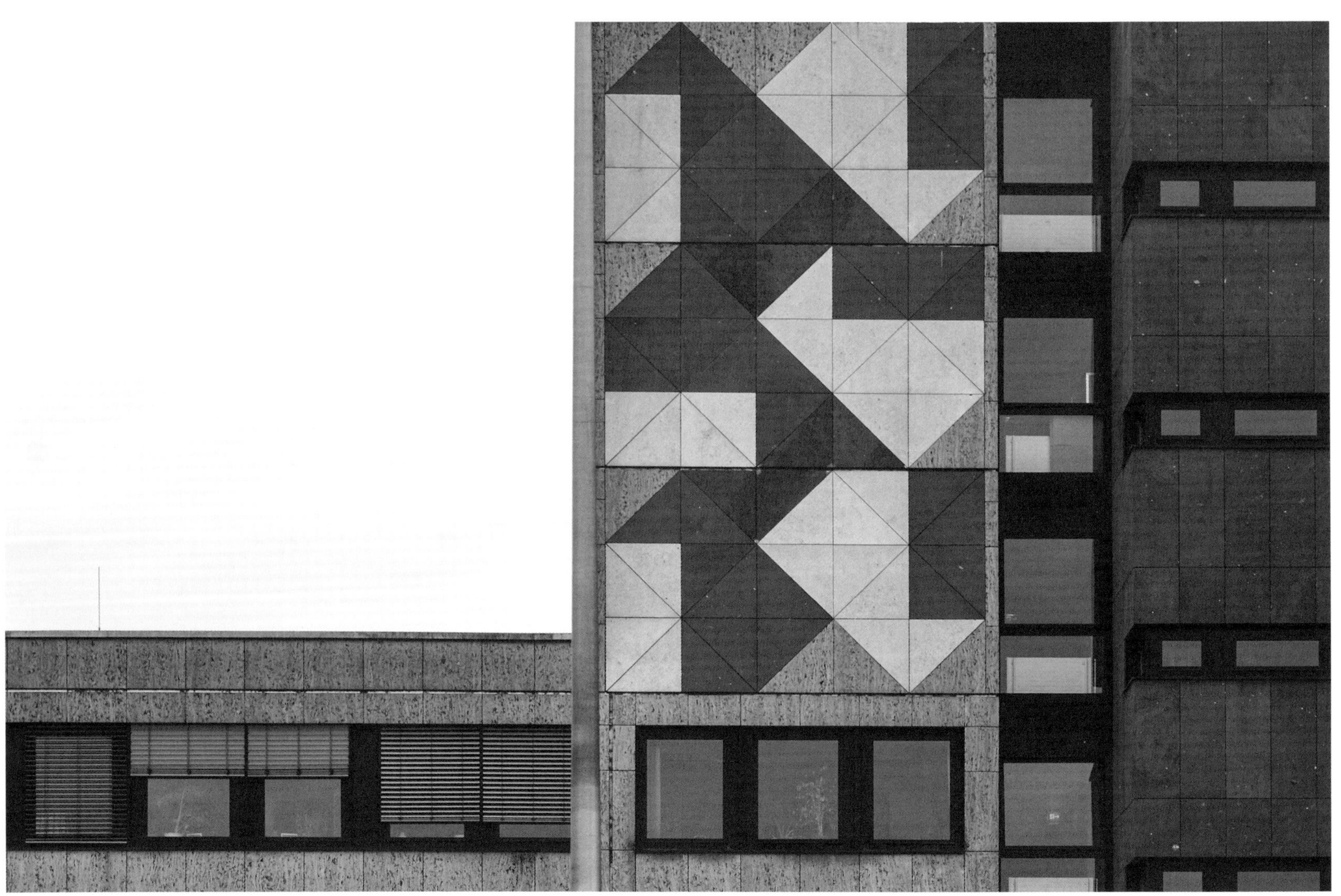

Doppelseite: Fassade der Polizeidirektion Marburg-Biedenkopf

Detail der Spielhallen im Stadion

Rückseite der Adolf-Reichwein-Schule

Eine kleine, etwas versteckte Gymnastikhalle in der Universitätsstraße

Eingangshalle der Hauptpost

Doppelseite: Hauptpost Marburg, Johannes Möhrle 1965–1976

Ehemaliges Hausmeisterhäuschen der Hauptpost

Gebäude der Deutschen Blindenstudienanstalt e. V. auf dem Blistacampus Marburg